Inhalt

Rating als Indikator der Kreditwürdigkeit auf dem Kapitalmarkt

Kernthesen

Beitrag

Fallbeispiele

Weiterführende Literatur

Impressum

Rating als Indikator der Kreditwürdigkeit auf dem Kapitalmarkt

G. Dengl

Kernthesen

- Rating, also die externe Einschätzung der Bonität eines Unternehmens, ist eine Praxis, die sich nach ihrer Etablierung in den USA nun auch in Europa immer mehr zum Standard entwickelt.
- Große Unternehmen müssen ihre Kreditwürdigkeit in der Regel erst durch ein gutes Rating belegen lassen, bevor sie Kapital am Markt aufnehmen können.
- Da es für Anleger kaum alternative Informationsquellen über die Bonität von Unternehmen gibt, ist die Wirkung eines

Ratings trotz juristischer Unverbindlichkeit sehr groß.
- Es besteht offenbar ein Interessenkonflikt zwischen dem Unternehmen, das für das Rating bezahlt, und der unabhängigen Agentur, die sich der Öffentlichkeit verpflichtet fühlt.
- Nachdem es wiederholt Vorwürfe gab, dass die Ratings in der Vergangenheit zu positiv ausgefallen sind, verhalten sich die Agenturen nun bewusst zurückhaltend.

Beitrag

Der Begriff Rating erfährt derzeit eine starke Verbreitung in der Fachliteratur und in der Tagespresse. Rating bedeutet grundsätzlich Messung und Bewertung. Im finanzwirtschaftlichen Kontext ist damit im ursprünglichen Sinne die Bewertung der Bonität von Unternehmen gemeint. Seit Unternehmen Geld am Kapitalmarkt aufnehmen können (dies stellt eine attraktive Alternative zur Kreditaufnahme über Banken dar), sind Anleger daran interessiert, mehr über die Bonität der Unternehmen zu erfahren. Ganz ähnlich wie bei der Kreditvergabe durch entsprechende Institute will der Anleger wissen, wie hoch die Chance oder das Risiko ist, seine Einlage samt versprochener Rendite (zurück) zu erhalten.

Während aber professionelle Kreditinstitute eine eigene Einschätzung über die Kreditwürdigkeit von Unternehmen abgeben können, sind privaten und institutionellen Anlegern diese Anstrengungen oft aus Zeit- und Kostengründen nicht möglich. Hier bieten Rating-Agenturen einen Service für Anleger: Sie untersuchen Unternehmen auf deren Kreditwürdigkeit hin und unterziehen sie damit einer standardisierten Bewertung: dem Rating. Das Rating an sich ist noch keine Kauf- oder Verkaufsempfehlung. Es drückt lediglich die Einschätzung einer unabhängigen Agentur über die Bonität eines Unternehmens aus.

In den USA wird das Rating schon seit über 100 Jahren praktiziert. Nun beginnen die drei größeren Agenturen (Standard & Poors, Moodys, Fitch), die sich zusammen etwa 95 % des derzeitigen Rating-Marktes teilen, auch Europa aufzurollen, denn da ist noch viel zu holen: "Geratet" werden derzeit erst wenige hundert Unternehmen; ca. weitere 1 500 Unternehmen mit einem Umsatz von über 1 Mrd. EUR liegen noch brach. (12)

Das Rating von Unternehmen durch Rating-Agenturen ist vom "internen Rating" zu unterscheiden, das von den Banken selbst im

Hinblick auf Basel II durchgeführt wird. (9)

Das Rating-Verfahren

Ein Rating über die Bonität eines Unternehmens wird nur auf den ausdrücklichen Wunsch dieses Unternehmens hin erstellt, denn es trägt i. d. R. letztlich auch die Kosten für die Erstellung. Oft wird hierzu eine der drei weltweit tätigen und anerkannten Rating-Agenturen beauftragt. Ob ein interaktives Rating (d. h. im Dialog zwischen Analysten und Vertretern des Zielunternehmens) durchgeführt wird, oder ein Rating rein auf Basis öffentlich zugänglicher Informationen, entscheidet das Unternehmen. Letztere tragen oft als Erkennungsmerkmal das Kürzel pi für public information. Die Methoden und Kriterien müssen bei beiden Varianten objektiv nachvollziehbar sein und werden veröffentlicht. (6)

Die Rating-Agenturen ordnen dem zu bewertenden Unternehmen schließlich eine von ca. 20 Bonitätsstufen zu. Diese reichen von "geringstes Ausfallrisiko" (AAA bzw. Aaa je nach Agentur) bis "Schuldner im Verzug" (SD bzw. S). (11) Grundsätzlich unterscheidet man dabei zwischen den Stufen des "Investment Grade" (gute Bonität, geringes Ausfallrisiko) und denen des spekulativen "Grade" (schlechte Bonität, hohes Ausfallrisiko). (4)

Mit einer eventuellen späteren Herabstufung geht nicht nur ein Imageverlust einer sondern es steigen auch die tatsächlichen Kosten der Kapitalaufnahme. Schlechte Bonität bedeutet hohes Ausfallrisiko. Dieses höhere Risiko will sich der Anleger bezahlen lassen und fordert daher eine höhere Rendite. Dieser Effekt des Ratings ist aus volkswirtschaftlicher Sicht nur sinnvoll, denn er ordnet höheren Risiken höhere Renditeforderungen zu. In besonders harten Fällen, beispielsweise wenn das Rating unter Investment Grade rutscht, dürfen allerdings manche Fonds-Manager die Papiere nicht mehr kaufen - die Kapitalaufnahme aus dieser Quelle ist dann völlig unmöglich. (16)

Der Rating-Prozess dauert normalerweise mehrere Wochen oder sogar Monate und wird, wenn er einmal begonnen wurde, im Abstand von einigen Monaten wiederholt. Dabei kommt es je nach Situation evtl. zum Up- oder Downgrade. (4) Ein Rating, egal ob gut oder schlecht, wird nur veröffentlicht, wenn das Zielunternehmen einverstanden ist. Hierin wird nun ein Interessenkonflikt offenbar. (12) Die Rating-Agentur wird für die Erstellung des Rating bezahlt, und soll trotzdem unabhängig bleiben. Das Interesse eines

Unternehmens an einem guten Rating liegt auf der Hand. Zurzeit werden von den Agenturen aber kaum noch gute Noten vergeben, und so erklärt sich auch der Rückgang an Rating-Anfragen. Ein gutes Rating erleichtert eben nicht nur die Kapitalaufnahme sondern ist darüber hinaus werbewirksam. Mit einem schlechten dagegen, kann kein Unternehmen etwas anfangen.

Alternativen der Schätzung der Kreditwürdigkeit

Die Einschätzungen der Rating-Agenturen werden seit jeher kritisch gesehen, sodass sich die Frage nach Alternativen zur Beurteilung der Kreditwürdigkeit stellt. Es sind hier zu nennen:
- Der Markt für Kreditderivate. Wenn Kredite nicht über Anleihen aufgenommen werden, dann kann der Preis für Kreditderivate wertvolle Hinweise über die Bonität der Unternehmen liefern. Da diese Geschäfte aber außerbörslich abgewickelt werden, sind sie für den Anleger nicht sichtbar. Dies stellt also keine wahre Alternative dar.
- Der Bondmarkt mit seinen Risikoaufschlägen (Spreads) hat sich in der Vergangenheit leider als sehr unsicherer Indikator entpuppt.
- Auch der Aktienkurs hat sich als untauglich und

irreführend für die Bewertung der Kreditwürdigkeit erwiesen (siehe Dot.com-Boomphase).

Rating-Agenturen berücksichtigen bei der Erstellung des Rating auch die Geschichte und das Umfeld des Unternehmens. Unfehlbar sind die ihre Urteile deswegen noch lange nicht, aber im direkten Vergleich mit den genannten Alternativen der Kreditwürdigkeitseinschätzungen schneiden sie gut ab, da sie ein umfassendes Bild des Unternehmens zeichnen. Somit gibt es derzeit für Anleger keine erstzunehmenden Alternativen zum Rating. (14)

Fallbeispiele

Verwendung der multivarianten Diskriminanzanalyse (MDA) und künstlicher neuronaler Netze (KNN) für das Rating

Nachdem neben den bisher verwendeten quantitativen Daten auch zunehmend qualitative Daten bei der Erstellung eines Ratings Berücksichtigung finden, werden modernere Verfahren zur Berechnung benötigt. Auf diesem Anwendungsgebiet zeigen sich künstliche neuronale Netze den "klassischen" multivarianten Verfahren überlegen. (8)

DWS unterzieht sich einem Rating

Die DWS, die Fondsgesellschaft der Deutschen Bank und Marktführer in ihrer Branche, hat sich freiwillig einem Rating unterzogen. Experten glauben, dass dieser Schritt - in den USA schon längst gang und gäbe - die Fondswelt in Deutschland und auch in Europa aufwühlen wird. Die DWS hat damit auch hierzulande ein Zeitalter eingeläutet, in dem jedes Unternehmen seine Bonität durch ein Rating dokumentieren muss, wenn es im Markt bestehen will. Die erhöhte Transparenz, die aus diesem Rating resultiert, wird bewusst als Verkaufsargument eingesetzt. (3)

Vor allem Kreditinstitute werden derzeit herabgestuft

Dresdner Bank, Commerzbank, Allianz und Münchner Rück, derzeit kommt kaum ein Institut um eine Herabstufung seines Ratings. Es ist auffällig wie stark gerade die Kreditbranche derzeit unter Beschuss genommen wird. Hohe Verluste am Kapitalmarkt, sowie schlechte Risiken bei den Versicherern hinterlassen in der Bilanz ihre Spuren. Und diese finden auch in den Ratings ihren Niederschlag. Fraglich bleibt, ob hier nicht auch eine besonders vorsichtige Haltung der Rating-Agenturen mit über das Rating bestimmt, denn man muss bei Unternehmen wie der Allianz oder der Münchner Rück wohl auch jetzt nicht wirklich um einen Kreditausfall besorgt sein. Der Effekt, der sich aus der Herabstufung aber tatsächlich ergibt, ist, dass die Refinanzierungskosten für diese Unternehmen nun deutlich steigen. (1), (10), (2), (5)

Weiterführende Literatur

(1) "AAA"-bschied, Süddeutsche Zeitung, 09.12.2002, Ausgabe Deutschland, S. 26
aus Börsen-Zeitung, 24.09.2002, Nummer 184, Seite 11

(2) Commerzbank-Rating gerät unter die Räder Moody's senkt Bewertung für Finanzkraft auf "C"
aus Börsen-Zeitung, 13.12.2002, Nummer 241, Seite 18

(3) DWS unterzieht sich einem Rating
aus Frankfurter Allgemeine Zeitung, 13.11.2002, Nr. 264, S. 23

(4) Rating-Agenturen gelten als TÜV am Kapitalmarkt, Bonner General-Anzeiger, 05.11.2002, S. 22
aus Frankfurter Allgemeine Zeitung, 13.11.2002, Nr. 264, S. 23

(5) Rating-Agenturen stufen Allianz herab / Moody`s und S&P verweisen auf Entwertung der Aktienbestände und Probleme der Dresdner Bank, Süddeutsche Zeitung, 11.10.2002, Ausgabe Deutschland, S. 22
aus Frankfurter Allgemeine Zeitung, 13.11.2002, Nr. 264, S. 23

(6) Rating schafft Vertrauen
aus Versicherungswirtschaft, 1.12.2002, 57.Jg., Nr. 23, S. 1895

(7) Weiche Faktoren bestimmen Kreditwürdigkeit

aus netzeitung.de vom 15.10.2002

(8) Mathematisch-statistische Verfahren zur Unterstützung des Credit Rating
aus Zeitschrift für das gesamte Kreditwesen Nr. 22 vom 15.11.2002 Seite 1207

(9) Auf den Zahn gefühlt —Rating in aller Munde
aus Consultant Steuern - Wirtschaft - Finanzen, Heft 10/2002, S. 38

(10) Rating-Agenturen verschärfen Probleme der Finanzinstitute Moody's und Standard & Poor's setzen Bewertung herab
aus FTD Financial Times Deutschland vom 11.10.2002, Seite 23

(11) Das Rating-ABC: Was es bedeutet Tabelle
aus WirtschaftsBlatt, 21.11.2002, Nr. 1753, S. A23

(12) Rating-Agenturen geraten ins Zwielicht US-Bilanzskandale werfen Fragen auf nach Unabhängigkeit und Kontrolle der Branche " Standard & Poor's, Moody's und Fitch wehren sich
aus FTD Financial Times Deutschland vom 27.12.2002, Seite 21

(13) Ratingagenturen im Spannungsfeld des Marktes
aus Börsen-Zeitung, 20.11.2002, Nummer 224, Seite 4

(14) Kuster, P., Kein Anlageentscheid ohne Gesamtbild / Rating-Rückstufungen deutscher Finanzinstitute / Aktienkurs ungleich Bonität, Finanz

und Wirtschaft, 12.10.2002, S. 5: OBLIGATIONEN
aus Börsen-Zeitung, 20.11.2002, Nummer 224, Seite 4

(15) Entwicklungslinien im Kreditmanagement der Kreditwirtschaft
aus Betriebswirtschaftliche Blätter, Jubiläumsheft 2002, S. 14

(16) Hilfe für Anleger Ratings
aus FTD Financial Times Deutschland vom 11.12.2002, Seite 10

(17) Rating-Klauseln werden noch immer häufig unterschätzt Cable & Wireless als jüngstes Beispiel " Agenturen S&P und Moody's verweisen auf mangelnde Kenntnisse über die Folgen einer Herabstufung
aus FTD Financial Times Deutschland vom 11.12.2002, Seite 22

(18) Eigenkapital spielt beim Rating nur Nebenrolle Qualitätskriterien können die Bonitätsbewertung eines Unternehmens dagegen maßgeblich verbessern " Studie der NordLB
aus FTD Financial Times Deutschland vom 26.11.2002, Seite 23

Impressum

Rating als Indikator der Kreditwürdigkeit auf dem Kapitalmarkt

Bibliografische Information der deutschen Nationalbibliothek

Die Deutsche Nationalbibliothek verzeichnet diese Publikation in der deutschen Nationalbibliografie; detaillierte bibliografische Daten sind im Internet über http://dnb.d-nb.de abrufbar.

ISBN: 978-3-7379-1563-2

© 2015 GBI-Genios Deutsche Wirtschaftsdatenbank GmbH, Freischützstraße 96, 81927 München, www.genios.de

Alle Rechte vorbehalten. Dieses Werk ist einschließlich aller seiner Teile – z.B. Texte, Tabellen und Grafiken - urheberrechtlich geschützt. Jede Verwertung außerhalb der Grenzen des Urheberrechtsgesetzes bedarf der vorherigen Zustimmung des Verlags. Dies gilt insbesondere auch für auszugsweise Nachdrucke, fotomechanische

Vervielfältigungen (Fotokopie/Mikroskopie), Übersetzungen, Auswertungen durch Datenbanken oder ähnliche Einrichtungen und die Einspeicherung und Verarbeitung in elektronischen Systemen.